L'ABC de l'incivilité au travail

Un récit édifiant des Traînards et des Wowzers

Céleste Grimard
Michel Cossette

ISBN-13 : 9781086687613
Éditeur : KDP

REMERCIEMENTS

Nous remercions Jerôme Gagnon et Miguel Olivas-Luján pour leurs commentaires utiles sur des versions préliminaires de ce livre. Nous remercions également les nombreux travailleurs qui nous ont partagé leurs histoires à propos de la vie au travail.

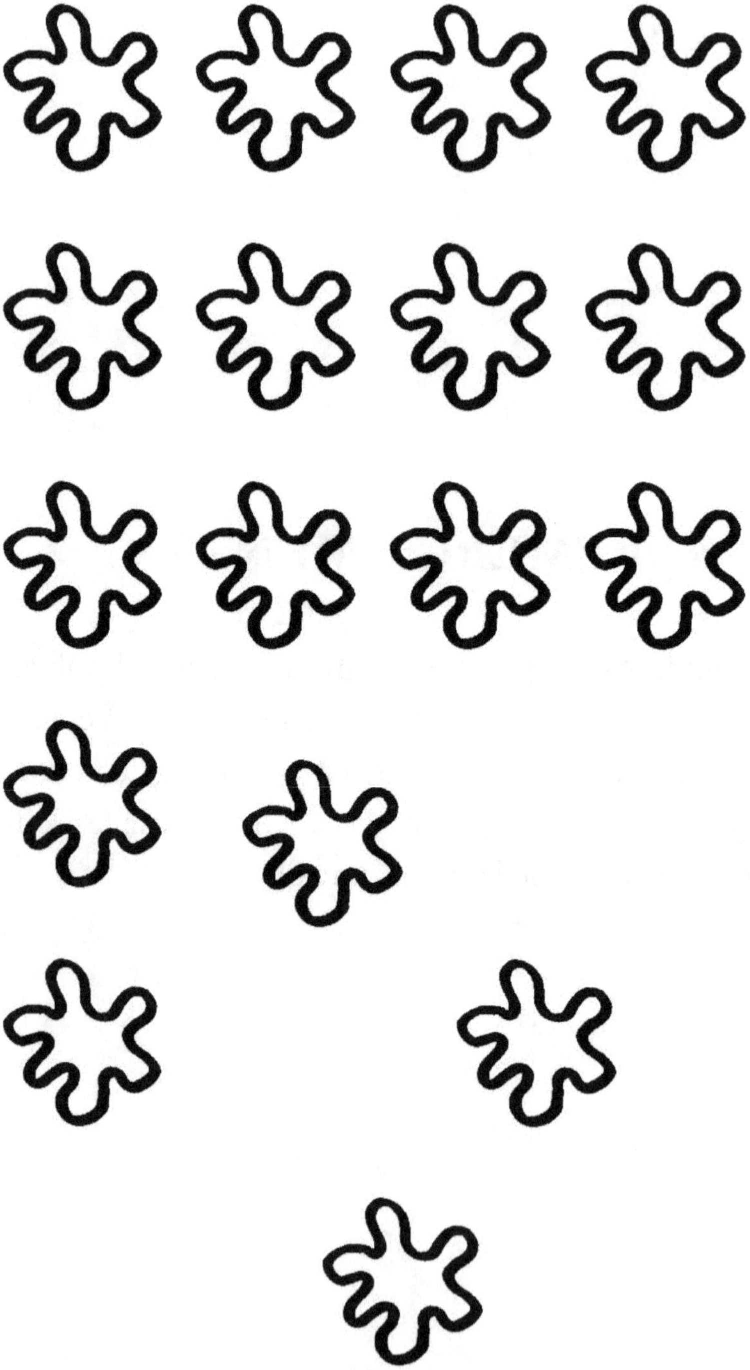

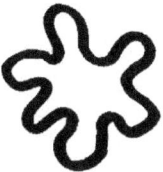

IL ÉTAIT UNE FOIS, il n'y a pas si longtemps et dans un monde pas si loin que ça, les Traînards de la planète Traînarde apprenaient que la vie existe au-delà de leurs lunes et de leurs soleils. Les Wowzers, de la planète voisine Wowzie située dans la même galaxie que la planète Traînarde, se téléportèrent sur la planète Traînarde à partir de leurs 11 111 machines spatiales volantes. Ils surprirent ainsi un ensemble hétéroclite de jeunes Traînards et leur apprirent tout du leadership dans la Grande-Classe. Ce qui arriva par la suite est une longue histoire remplie de rencontres, de protocoles et de pizzas, alors que les Wowzers et les Traînards firent connaissance les uns avec les autres.

La Wowzer Yolanda, dont la spécialité était la courtoisie, était chargée de la mission sur la planète Traînarde. Elle aimait rencontrer d'autres espèces, et, avec ses nombreux yeux, elle pouvait facilement voir que les océans de la planète Traînarde renfermaient de grandes quantités de cristaux Zolto de grande qualité.

Les cristaux Zolto étaient essentiels à la survie des Wowzers. Ceux-ci perdaient automatiquement leur vision pendant le jon marr, un rituel permettant à tous les Wowzers d'atteindre l'âge adulte. Pour récupérer la vue, les Wowzers devaient utiliser des cristaux Zolto synthétiques. Malheureusement, ces cristaux étaient de mauvaise qualité et en quantité limitée. En outre, leur seul fabricant (d'une autre planète) profitait de son monopole en haussant aléatoirement les prix des cristaux.

Le leader de la planète Traînarde était X-Pert Xavier, lequel considérait être un expert sur toute chose, même celles à propos desquels il ne connaissait rien. Un beau jour, alors que la Wowzer Yolanda s'enquit du cristal triangulaire exquis et brillant sur l'uniforme des Traînards, Xavier expliqua que ce cristal était cool à regarder et utile pour couper de la pizza, le met préféré des Traînards, mais qu'il n'avait absolument aucune autre utilité. « C'est un morceau de m-- pas cher ».

C'était le moment que la Wowzer Yolanda attendait depuis que les Wowzers avaient établi le premier contact avec les Traînards. Elle demanda à Xavier si les Wowzers pourraient acheter une grande quantité de ces cristaux au cours du prochain millénaire. En échange, les Wowzers offriraient aux Traînards leur technologie de pointe pour le tranchage de pizzas. Bien entendu, le Traînard Xavier accepta immédiatement.

Une fois que la Wowzer Yolanda eut négocié une entente favorable avec le Traînard Xavier pour les cristaux Zolto, les Wowzers travaillèrent avec les Traînards pour mettre en place un processus permettant de recueillir, compresser et emballer de grande quantité de cristaux Zolto dans des boules à zip, lesquelles furent transportées par des robots sur les tout nouveaux ascenseurs spatiaux jusqu'à la planète Wowzie. Après un mois d'opération, le processus semblait bien fonctionner. Les Wowzers confièrent la mine Zolto aux Traînards et leur annoncèrent qu'ils retourneraient sur leur planète natale Wowzie, ne revenant qu'au moment où les deux lunes vertes seraient visibles afin d'entretenir la technologie.

En l'absence des Wowzers, les Traînards dotèrent la mine Zolto des meilleurs diplômés de la Grande-Classe afin de superviser l'extraction, le transport et la maintenance conformément à l'entente : l'UltraOffice des Habitants Traînards (UHT). Le Traînard Xavier était en charge.

Même si les opérations fonctionnaient bien lorsque gérées par les Wowzers, les niveaux de production déclinèrent comme peau de chagrin au fil du temps. Les communications entre la mine Zolto et les Wowzers devinrent sporadiques, confondantes et déplaisantes. Quelque chose clochait. Très bientôt, deux lunes vertes apparurent au-dessus de la planète Traînarde.

Ce fut le signal dont les Wowzers avaient besoin pour retourner sur la planète Traînarde afin d'examiner ce qui était à l'origine de la baisse de production et des communications déficientes. Pendant qu'une équipe s'affairait à l'entretien nécessaire de la technologie d'extraction des cristaux Zolto, une autre équipe de Wowzers hautement perspicaces observèrent et rencontrèrent les Traînards de l'UHT à la mine Zolto. Après une période raisonnable d'observations et d'interactions, ces Wowzers retournèrent sur la planète Wowzie et firent un rapport basé sur les observations suivantes à propos des personnages de la mine Zolto.

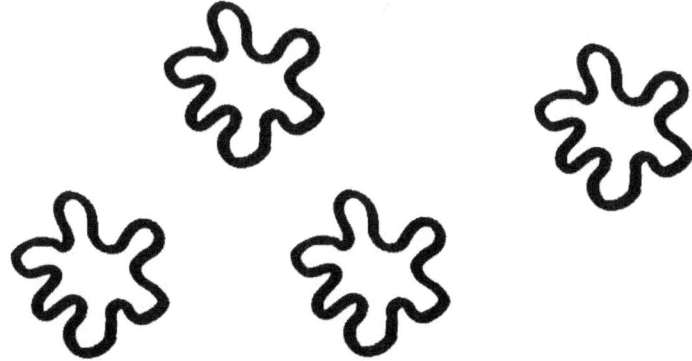

AGNÈS TOUT-EST-A-PROPOS-DE-MOI n'a aucun souci à attirer toute l'attention sur elle. En fait, elle se vante constamment à propos d'elle-même, de sa famille, ses accomplissements, ses…n'importe quoi! Elle monopolise le temps de parole lors des réunions, des dîners et des pauses-café. Partout au bureau, elle aime étaler tout ce qui est bien dans son univers, mais elle aime aussi partager et détailler ce qui ne va pas. Agnès Tout-Est-À-Propos-De-Moi parle tout bonnement des résultats de son examen gynécologique, son incapacité à trouver le Traînard de ses rêves, sa fin de semaine fabuleuse sur la planète Bain-de-soleils ou tout autre problème personnel auquel elle est confrontée.

Agnès Tout-Est-À-Propos-De-Moi continue de parler même si elle dérange ses collègues ou perturbe leur travail. En fait, elle se fiche si elle les dérange ou les perturbe puisque ça n'a pas d'importance. Ce qui EST important, c'est ce qui se passe dans sa vie maintenant. Et lorsque l'attention se dirige vers quelqu'un d'autre, vous pouvez l'entendre soupirer d'ennui ou d'irritation ou la voir jouer sur son cellulaire, envoyer des messages textes à ses amis et créer des articles de forum à propos d'elle sur les médias sociaux. En fait, le meilleur moyen de la faire disparaître est de porter attention à quelqu'un d'autre.

Moi! Moi! Moi!
Porte-moi attention!

BOB OKUPEY dit qu'il jongle avec plusieurs balles et qu'il est trop occupé pour se voir attribuer du travail additionnel. Il se sent surchargé par le travail, même si sa charge est la même que n'importe qui d'autre. Bob Okupey gronde le Traînard Xavier pour l'avoir surchargé. « Je ne peux pas suivre. J'ai plus de travail que je ne peux effectuer en une journée. C'est vraiment injuste », dit-il directement au Traînard Xavier ou à ses collègues alors que l'antenne de Xavier est fermée.

En fait, l'enjeu n'est pas la charge de travail de Bob Okupey. C'est son incapacité à établir des priorités, à s'organiser, à porter attention à son travail et à l'exécuter. Il ne travaille ni fort ni intelligemment. Il est incapable de gérer une charge de travail raisonnable. Bob Okypey est tellement occupé à se plaindre à propos de sa charge de travail pendant la journée qu'il perd un temps précieux pour effectuer son travail. En fait, ses doléances continuelles et ses façons de faire inefficaces sont les seules responsables se sa situation.

Il essaie de réduire sa charge en octroyant du travail à ses collègues ou en échappant le ballon si souvent qu'on ne peut plus lui faire confiance pour réaliser le travail. Il souhaite que les autres pensent qu'il est trop occupé de façon à ce qu'ils ne lui donnent pas d'autres tâches à faire. Et ça fonctionne!

Tout comme Bob, le cousin de Bob Okupey, **DELMAR AMATEUR**, est *occupé* et ne fait pas son travail. Delmar Amateur est occupé à tout faire sauf son travail : il est censé emballer les cristaux, mais il crée des vidéos des cristaux. Il fait ce qu'il veut sans égard aux responsabilités de son emploi. Il dit aux autres qu'il a trop de travail et qu'il devrait obtenir un assistant.

Je passe tellement de temps à me plaindre, que je n'ai pas le temps de faire mon travail.
Pauvre moi!

CLIFF QUI-S'ACCAPARE-DU-CRÉDIT

aime parler de ses réussites. Il ne donne aucun crédit à qui le mérite. Il prend le crédit pour son travail – et le vôtre. Il vous demande de l'aide pour son travail, mais prend tout le mérite pour celui-ci. Cliff Qui-S'Accapare-Du-Crédit reconnaît sélectivement les réalisations de certains collègues (ceux qui sont ses amis), mais pas les réalisations de ceux qu'il considère comme des rivaux. Lorsque quelqu'un lui mentionne une idée, il la propose lors d'une réunion et laisse croire aux autres qu'il s'agit de sa propre idée.

Il aime être le centre d'attention et il tire avantage des situations qui le font bien paraître : il adore présenter dans le cadre des projets d'équipe, sachant que les observateurs assumeront que le présentateur est la personne dirigeant le projet et qui a contribué davantage que les autres à celui-ci.

Mais lorsque les choses vont mal, Cliff Qui-S'accapare-Du-Crédit devient introuvable. Rien ne peut être de sa faute puisqu'il a trop de succès pour échouer dans quoi que ce soit. Il ne prend aucune responsabilité pour ses propres (mauvaises) actions. En fait, il ne veut que prendre le crédit pour les actions des autres…et seulement lorsqu'elles produisent des résultats positifs

Notre succès est attribuable au fait que je suis brillant. Notre équipe ne réussirait pas sans moi.

DWIGHT K-FARD jette une ombre sur tout ce qui ne répond pas à ses attentes (et il n'y a vraiment rien qui n'est à son goût). Les soleils ne brillent jamais pour Dwight K-Fard qui se plaint constamment, est irrité, ennuyé, de mauvaise humeur, susceptible, négatif, malheureux, blah...

Alors que Dwight se traîne dans le couloir, il soupire fort et une ombre apparaît tout autour de lui. En fait, vous pouvez voir les nuages s'intensifier autour de lui et ses collègues commencent à se sentir misérables et à remettre en question la mine Zolto et le Triînard Xavier. Ce dernier et la mine Zolto deviennent des cibles faciles pour se plaindre lorsque l'ambiance de travail s'assombrit.

Dwight K-Fard relève systématiquement les inévitables faux pas de Traînard Xavier ou d'autres Traînards : « S'il y a quelque chose sur laquelle on peut se plaindre, alors je me plaindrai. Et il y a toujours quelque chose sur laquelle se plaindre ».

Le travail, c'est nul!
Je déteste ça et tu devrais haïr ça aussi!

ÉDITH GLOU-T'ON a faim. Elle n'a pas la chance de manger avant d'arriver au travail, ou peut-être a-t-elle eu le temps, mais préfère bouffer au travail – habituellement à la table de la cuisine, mais aussi à son poste de travail. Elle engloutit un repas de saucisses à l'ail, d'oignons frits, de fèves et de riz au curry, et elle noie le tout avec un café corsé. Il y a des miettes, des odeurs, des bruits de gorgée, de la bave, des pets, des doigts collants. Elle se cure les dents, se rince la bouche et se gargarise et crache dans une tasse. Après 20 minutes, Édith Glou-T'On écrase les contenants de nourriture, les jette de côté vers les autres ou sur le plancher et sort… son dessert.

Tout au long de la journée, toute la mine Zolto l'entend croquer dans des carottes et des cèleris, faire éclater du maïs ou froisser des sacs. Édith Glou-T'On n'a pas idée à quel point ses collègues sont dégoutés par ce spectacle sonore et odorant. De plus, son stock de barres de céréales et ses autres collations à son poste de travail attirent de la vermine à la mine Zolto.

Qu'importe si je fais un peu de bruit et fous le bordel...ou si j'attire des souris dans l'aire de travail?

FANNIE BON-CHIC-BON-GENRE

est une carte de mode. Elle a de grandes boucles de tentacule, un maquillage parfait, des brillants incrustés sur ses longs ongles vernis et de longs poils qui ondulent autour d'elle, mais qui se retrouvent en queue de cheval la minute suivante. Fannie Bon-Chic-Bon-Genre passe son temps de travail à brosser, à friser allègrement ses

poils et à les examiner pour vérifier s'il y a des pointes cassées. Son rouge à lève a souvent besoin d'être rafraîchi. Elle a la chance d'avoir une trousse à maquillage dans sa sacoche dernière mode, laquelle est parfaitement assortie avec ses bottes hautes et son look. Qui sait, elle ira peut-être à un défilé de mode ou dans une boîte de nuit branchée après le boulot…ou à la plage.

Je suis belle!

À certains moments, elle pousse le code vestimentaire au-delà des limites : elle porte des camisoles courtes, des débardeurs avec des chaînes, des chandails bedaines, des vêtements transparents, des robes sans bretelles, des gougounes et des sous-vêtements visibles. Oh mon Dieu, l'attention que porte Fannie Bon-Chic-Bon-Genre à la mode la distrait elle et les autres de leur travail.

Fannie pense qu'elle peut enseigner un truc ou deux en matière de style à **UMBERTO DÈGUE-EUX**. Les deux font leur toilette au travail, mais Umberto Dègue-Eux se gratte le nez, se coupe les ongles, se plante les griffes dans tous les orifices et se gratte, et gratte et gratte. Si les collègues de Fannie Bon-Chic-Bon-Genre étouffent sous l'odeur de son parfum, ceux d'Umberto Dègue-Eux étouffent en sentant sa mauvaise haleine, ses odeurs corporelles et…ses flatulences. Vous pouvez deviner qu'il considère le désodorisant et les douches comme étant facultatifs. Umberto Dègue-Eux croit se conformer au code vestimentaire décontracté en portant des vêtements amples, froissés, déchirés et souillés, ainsi que des chaussures de sport sales ou en portant des chaussettes dans ses sandales. Ses cheveux gras et emmêlés dépassent sa poitrine, son nez et ses oreilles. Ses doigts et ses dents sont jaunis par le tabac. On peut facilement l'entendre se moucher, tousser, râler, roter, et gémir. On peut l'apercevoir cracher sur le plancher, le trottoir ou dans une poubelle. Et pourtant, il n'a aucune idée pourquoi ses collègues s'étouffent ou deviennent nauséeux en sa présence.

GERMY GEORGE devrait rester chez lui. Il tousse, se racle la gorge et gémit de douleur. Il propage des milliers de germes dans l'air. Ses collègues de travail essaient de l'éviter et grimacent lorsqu'il touche accidentellement leur espace de travail ou pire, eux-mêmes. Il se moque bien de l'idée qu'il puisse transmettre ses maladies à ses collègues.

Germy George perd son temps à faire le zombie au travail et s'assoir devant un écran vide la majeure partie de sa journée. Il ne fait presque rien. En fait, il n'accomplit AUCUN travail du tout, et il entrave le travail des autres puisqu'ils tentent de l'éviter lui et tout ce qu'il touche.

Germy George se targue d'être « fiable » et de ne jamais manquer un seul jour de travail à l'usine Zolto…jamais. Il critique même les collègues suffisamment attentionnés qui savent quand rester à la maison. Germy George ne réalise pas qu'il serait plus prévenant et approprié s'il restait simplement à la maison pour se reposer plutôt que de se montrer au boulot et de ne rien faire d'utile.

Malade, moi?

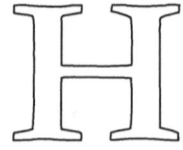

LES HARRYS VER-BEAU-MO-T'EUR ET MARCH-EN-D'EUR,

cousins d'Agnès Tout-Est-À-Propos-De-Moi, sont des jumeaux. Ver-Beau-Mo-T'Eur monopolise le temps de discussion en réunion. Il a beaucoup de choses à dire, la plupart impertinentes. Il intervient tout le temps et le Traînard Xavier ne peut l'interrompre. La spécialité de Ver-Beau-Mo-T'Eur est de faire bifurquer les conversations. Il considère ses problèmes comme urgents et s'attend à ce que les autres s'inclinent devant ceux-ci. Après tout, ses intérêts et ses priorités sont plus importants que les vôtres, n'est-ce pas? Et un groupe de personnes rassemblées est le lieu parfait pour présenter son propre agenda. Ver-Beau-Mo-T'Eur fait dérailler les réunions en détournant les discussions à propos de quelqu'un vers sa propre personne et en prenant en charge l'ordre du jour de la réunion. Soupir!

Son jumeau, Harry March-En-D'Eur, croit que tout est négociable : des heures de travail aux tâches à effectuer à la mine Zolto, en passant par l'organisation du travail, l'échelle salariale et tout ce qu'il y a d'autre sous les soleils. Tout est sur la table de négociation et il n'accepte pas un *non* comme réponse. Au milieu de la journée, lorsque Harry March-En-D'Eur réalise l'ampleur du travail à faire, il entreprend plusieurs rondes de négociation avec le Traînard Xavier pour réduire sa charge de travail, ou à tout le moins ses arrangements personnels pour accommoder ses circonstances personnelles.

Je pousse jusqu'à ce que j'obtienne ce que je veux, et je pousse encore plus loin.

I

ISABELLE SANS-MANIÈRE-ET-IMPOLIE ne dit jamais *S.V.P.*, *merci, pardon, excuse-moi, désolée, j'ai commis une erreur*, ou n'importe quoi d'autre qui pourrait ressembler, un tant soit peu, à de la politesse. Elle se montre vulgaire chaque fois qu'on est en droit de s'attendre à ce qu'elle se concentre sur son travail. Ses communications avec les autres sont dépourvues de courtoisie et de politesse. Elle ne se rabaisse pas à démontrer du respect envers les autres, et plus particulièrement envers le Traînard Xavier.

Isabelle Sans-Manière-Et-Impolie et son cousin **ROGER RUDE** font systématiquement front communs envers et contre tous. Ils ont raison et les autres ont tort. Ils ne contribuent pas et n'apportent aucune aide, lorsque requise. En fait, ils ralentissent l'exécution des tâches en ne répondant pas dans un laps de temps raisonnable aux courriels et aux appels. La coopération, le travail d'équipe et la facilitation du travail des équipiers ne sont pas des mots dans leur vocabulaire. Si vous êtes coincés sans papier de toilette et leur demandez quelques morceaux de papier hygiénique, ils vous ignoreront tout simplement. Ils s'amusent à fermer les portes des ascenseurs lorsqu'ils vous voient arriver. Ils ne tiennent pas les portes ouvertes derrière eux pour les autres. En fait, ils attendent aux portes que les autres les ouvrent pour eux.

Tu me parles? Ne t'attends quand même pas à ce que je t'aide avec tes problèmes!
Pourquoi dire « merci » alors que TU devrais ME remercier?

J

JULIE CONDAMNE-TOUT agit comme juge et jury pour tout ce qui se passe à la mine Zolto. Dans son esprit, son opinion prévaut sur celle des autres car elle en sait plus que quiconque. Au lieu de se plonger dans son travail et de contribuer autant que possible, Julie Condamne-Tout se met en retrait pour mieux évaluer, juger et critiquer tout ce qui se dit et se fait. Elle met en doute le jugement de ses collègues quant à leurs responsabilités. Elle détecte automatiquement les défauts, problèmes et faiblesses des autres Traînards et surtout celles du Traînard Xavier. « Je pourrais tellement faire un meilleur boulot ».

SUZANNE SOUPÇONNEUSE, deuxième cousine de Julie Condamne-Tout, se méfie des collègues et fait tout pour prouver que ses collègues sont indignes de confiance. Tout. Personne n'est digne de sa confiance. Elle prend des notes sur votre temps de travail, combien de temps vous prenez en pause, vos temps d'absence… Elle compile soigneusement les faits et les données de vos allées et venues et informe la direction de ses « trouvailles ». Qu'importe si elle ne travaille pas du tout pendant qu'elle surveille.

BASIL TYRAN, premier cousin de Julie Condamne-Tout, pense que les autres (surtout les personnes ayant moins de pouvoir) sont des idiots. Ce sont tous une bande de conards stupides. Le sarcasme et le rabaissement sont ses armes préférées. Lorsqu'une personne parle, Basil Tyran roule des yeux et soupire « Quelle bande d'idiots ». Basil Tyran a un talent spécial pour humilier et anéantir la réputation des autres. Si vous êtes ami (ou non) avec lui, il vous agace, fait des remarques grossières, rudes ou désobligeantes, vous interpelle d'une façon peu professionnelle (« Hé, mon minou! », vous insulte, révèle aux autres les confidences que vous lui avez partagées (« Tu es toujours incontinent? »), sape votre crédibilité devant les autres, passe des remarques mesquines à vos dépens, et fait du commérage ou répend des rumeurs à votre propos. Même si Basil Tyran n'est pas votre patron, il trouve le moyen de vous réprimander publiquement à propos de « quelque chose ».

Tu es nul!

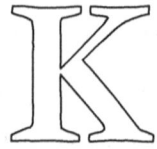

KARLA BOU'CAN fait une histoire avec un tout et un rien. Une Traînarde peu amicale, ses sautes d'humeur, ses coups bas et son opposition systématique à tout dépriment les autres. Tout est un tracas, un problème, un enjeu et une nuisance. Karla Bou'Can est ultrasensible et si quelqu'une la regarde de la mauvaise façon, il le paie cher. Ce qui était un problème trivial la concernant devient titanesque et concerne alors de nombreux Traînards.

Karla Bou'Can fait des crises de colère. Non seulement chaque mot peut déclencher une crise, mais son physique fait transparaître sa mauvaise humeur, à un point d'en être intimidante. Elle est à ce point désagréable que ses collègues choisissent de ne pas lui parler afin de survivre une journée de plus. Elle adore lancer des regards désapprobateurs sans provocation. Elle est antipathique à ce que vivent les autres et préfère leur tourner le dos plutôt que de les aider.

Elle met son poing sur la table, jure, peste, lance ses choses à travers la pièce et jette un regard noir à Traînard Xavier lorsqu'elle apprend qu'elle doit refaire certaines tâches (mal faites). « Traînard Xavier est tellement demandant et rigide. Laisse-moi souffler! ». Elle argumente pour obtenir une certaine clémence jusqu'à ce que son visage devienne mauve, ne réalisant pas que Traînard Xavier est sur le point de lui donner raison juste pour qu'elle lui fiche la paix pour l'instant, mais qu'il sera hyper vigilant lors des prochains cycles d'évaluation de performance. Karla Bou'Can peut ainsi gagner une bataille, mais elle perdra la guerre.

Je fais tout un plat pour tout!

LAURENT TARD'QUITTE n'arrive

jamais à l'heure au travail. En fait, son imprévisibilité est prévisible. De plus, Laurent Tard'Quitte quitte souvent son travail avant la fin officielle de son quart de travail. « Les heures de travail ne correspondent pas à mon horaire personnel et je ne veux pas être ici. Qu'importe si mes collègues ont besoin de mon aide? Je n'en ai rien à foutre ». Il va et vient comme ça lui plaît. Lorsque Laurent Tard'Quitte se pointe au travail, il est là physiquement, mais le cœur n'y est pas. On peut le voir sur son cellulaire pendant la journée et pendant les réunions.

Laurent Tard'Quitte se présente généralement en retard aux réunions, lorsqu'il se présente. Il est inattentif et change de sujet, ou ne participe pas. Il aime entretenir des conversations parallèles pendant les réunions ou les présentations. Même lorsque le Traînard Xavier est au beau milieu d'une présentation, il ramasse bruyamment ses choses et quitte la pièce. Qu'importe s'il y a du bruit ou si les collègues sont déconcentrés! Il a apparemment des choses à faire et des personnes à voir qui sont tellement importantes qu'il doit quitter le bureau…maintenant. Quel esprit d'équipe!

Son cousin, **ALEX AU-LOUIN**, est rarement vu à la mine Zolto. Est-ce qu'il travaille de la maison ou visite-t-il des clients? Est-il malade? Personne n'est certain de rien, même son patron. Lorsqu'il est au travail, il évite d'interagir avec des collègues de travail et de participer aux activités d'équipe. Il prend de très longues pauses-café, vérifie les médias sociaux (en fait, il prend des autoportraits dans la salle de pauses quatre fois par jour), envoie des messages et bavarde avec ses amis et effectue du travail personnel pour son deuxième boulot. Ses week-ends sont allongés à cause de maladies « fortuites », lesquelles coïncident avec les lundis. Il se tient à l'écart du travail au moindre mal de tête qui pourrait survenir. Il obtient stratégiquement des billets médicaux lorsque la charge de travail augmente ou que des rapports doivent être remis. Est-ce qu'Alex Au-Louin est vraiment malade? Personne ne le sait vraiment, mais ses collègues l'ont aperçu à la pizzéria alors qu'il prétendait être malade. Pour couronner le tout, Alex Au-Louin se rend, sans préavis, sur la planète Bains-de-Soleils lors des périodes de production achalandées pour quelques semaines afin de récupérer du stress de la mine Zolto.

Faites comme si je n'y étais pas…
J'ai des choses à faire et dois être à
d'autres endroits. Pas ici.

MÉLISSA TRAÎNASSEUR est fainéante, une paresseuse qui profite du travail des autres et qui en fait le moins possible pour le plus gros salaire possible. Elle n'accomplit pas sa part de travail. En fait, elle ne fait pas vraiment beaucoup de travail. Elle s'en remet plutôt aux autres pour prendre le relai. Parfois, elle implore le Traînard Xavier de réduire sa charge de travail, mais normalement, ses collègues cèdent et réalisent le travail pour elle (à contrecœur). Elle est le maillon faible d'une l'équipe. Une éternelle procrastinatrice, elle espère que les membres de l'équipe l'ignoreront et qu'ils feront le travail à sa place. Elle s'en est sortie jusqu'à présent en ayant des tâches au sein de différentes équipes de projets en simulant des problèmes personnels à des moments critiques ou en flattant l'égo des membres d'équipe (« Tu es tellement meilleur que moi pour faire ceci »).

Mélissa Traînasseur est réputée pour ne pas être fiable et pour ne pas respecter ses engagements. Elle promettra, mais ne livrera pas la marchandise. Elle peut acquiescer à quelque chose en privé, mais reniera sa parole en public. Comme Alex Au-Louin, elle se déclarera malade, laissant une lourde charge de travail sur les épaules des collègues. Elle ira jusqu'à mentir pour éviter le travail.

Mélissa Traînasseur traînasse de toutes les façons possibles. Même aux déjeuners communautaires de l'équipe elle s'approprie ce qu'il y a de mieux (le meilleur siège, le dernier beignet, la plus grosse part de pizza, etc.) sans pour autant contribuer ou en apportant un « petit » quelque chose tel un sac de croustilles. Éventuellement, ses flâneries, l'incapacité des autres à lui faire confiance et à pouvoir compter sur elle la rattraperont, mais elle en profite tant qu'elle le peut.

Fais le travail pour moi; ce sera plus facile et plus rapide pour toi (et moi). Et ne compte pas sur moi pour respecter mes promesses.

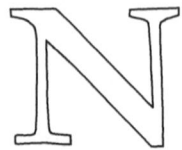

NICOLAS DÉMUNI'et'DÉPENDANT

requiert constamment l'attention, l'approbation et l'aide des autres pour réaliser son travail. Il importe les autres par ses questions sur le travail et demande trop de services aux autres. Nicolas Démuni'et'Dépendant n'est pas sûr de lui et doute de sa compréhension quant à ce qu'il devrait faire ou s'il fait quoi que ce soit correctement. Il discute avec le Traînard Xavier et d'autres avant et pendant les heures de travail, les pauses et après le travail. Il fait irruption dans le bureau de Traînard Xavier pour dire bonjour et lui envoie plusieurs messages écrits, toujours pour s'assurer qu'il est sur la bonne piste. Il a besoin de Traînard Xavier et des autres pour avoir une tape dans le dos et lui expliquer tout…encore une fois.

Nicolas Démuni'et'Dépendant est le second cousin d'**IRMA INSÉCURISÉE**; laquelle projette ses propres insécurités sur les autres et dispose d'un besoin maladif de se comparer aux autres. Elle ne peut faire autrement que de mesurer sa valeur en fonction des succès des autres. Si les autres ont du succès, elle se sent menacée par eux. Elle les envie et se sent mal dans sa peau. Mais, si les autres échouent, elle en rit et s'en réjouit secrètement. Elle amène même les autres à douter d'eux-mêmes avec des réflexions telles : « ça n'a pas de sens » ou « Tu es sûr de ce que tu avances? ».

SVP, aidez-moi.
Je compte sur vous pour réaliser mon travail.

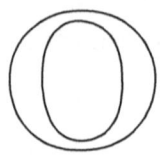

OLGA OPINIÂTRE se fiche bien que la recherche dit x, y et z. Si son expérience ne s'accorde pas avec la recherche, alors son point de vue sur le monde, basé sur une seule observation, est celui qui importe. « Je sais déjà tout ce que j'ai besoin de savoir. Pourquoi devrais-je écouter les autres? J'ai raison et tous les autres sont idiots. Si tu ne fais pas les choses à ma façon, alors c'est que tu es fou. N'argumente pas avec moi; tu perdras. Laisse-moi mettre les choses au clair ». Olga Opiniâtre n'hésite pas à interpeler le Traînard Xavier ou toute autre personne à propos de soi-disant erreurs, ou encore de les mettre à l'épreuve sur des sujets impertinents; ce serait une perte de temps. « La Planète Traînarde n'est pas est une sphère aplatie aux pôles, elle est ronde, je l'ai vu dans un dessin animé ».

Je devrais être le patron. Je sais tout.

PRUNELLA ET PIERRE ESPACE-PERSONNEL se tiennent trop près de vous et

violent votre espace personnel. Dès que vous faites un pas de recul, ils en font un vers vous. Prunella Espace-Personnel touche les gens de façon inappropriée, ce qui les amène fréquemment à prendre leur distance. Elle essaie de vous embarquer dans une discussion sur des choses personnelles malgré votre inconfort. Elle se rend à votre poste de travail en votre absence et prend vos choses ou les déplace sans votre accord préalable. Elle touche, manipule et réarrange vos choses. Pour couronner le tout, elle lit vos courriels et fait suivre vos courriels personnels (embarrassants) à d'autres. Vos informations personnelles deviennent ainsi publiques.

Puisqu'elle adore s'assoir près des gens, Prunella Espace-Personnel installe confortablement sa chaise près de la vôtre lors d'une réunion ou dans la salle à manger. Elle se penche afin de regarder ce que vous lisez ou ce sur quoi vous travaillez. Elle se joint à vous sans s'y faire prier alors que vous êtes dans un café pour y trouver la quiétude nécessaire pour réfléchir.

Prenez garde à Pierre Espace-Personnel aux toilettes! Il aime regarder le gars à l'urinoir d'à côté en train de se soulager, et il tente d'amorcer une conversation. Il essaie aussi de jeter un coup d'œil ou « accidentellement » entrer dans les toilettes des dames. Si vous portez attention à l'endroit où se dirige son regard, vous vous sentirez dévoilé. Est-ce que son deuxième nom est « yeux croches » par hasard? Finalement, il peut épier des personnes en ligne ou en personne, « Savais-tu qu'il y a deux Traînards qui ont le même nom de famille sur la liste des personnes recherchées? ». Il entrera « accidentellement » dans votre bureau alors que vous êtes absent ou vous suivra au café – tout comme Prunella.

Qu'est-ce que tu fais? Ça te va si je regarde?

QUENTIN PAS-MA-FAUTE trouve toujours le moyen de se déresponsabiliser de ses actes. Il ne reconnait jamais ses erreurs et nie toute implication pour avoir endommagé ou brisé quelque chose. Il ouvrira grand les yeux ou pointera du doigt quelqu'un d'autre et prétendra ignorer le problème. « Quelqu'un a brisé l'imprimante? Ce n'est pas moi ». Étant donné sa vulnérabilité à la critique, sa lève inférieure tremble à la moindre allusion qu'il ait commis une bourde.

Si toutes les preuves pointent dans sa direction, il trouve des justifications telles qu'une maladie, une crise personnelle ou le stress. Sa justification préférée est le manque de clarté des directives, les mauvaises communications, les enjeux liés aux tâches et les collègues non coopératifs. Vous pouvez parier qu'il attribuera sa mauvaise performance soit à des facteurs externes en dehors de son contrôle, soit à vous!

BETRAND SELON-LES-RÈGLES est le cousin de Quentin Pas-Ma-Faute. Il prend ses responsabilités seulement pour un très petit nombre de choses extrêmement bien définies. Si quelque chose est à faire qui n'est pas dans sa description de tâche, il regarde ailleurs. Il ne sort pas de sa zone de confort et ne tient pas compte des besoins de son équipe.

Ce n'est pas ma faute. C'est la sienne.

R

ROGER RUDE, que nous avons déjà rencontré, ne réalise tout simplement pas qu'il pourrait aller plus loin en étant poli et que l'on n'attrape pas des mouches avec du vinaigre. Il est inattentif lorsque le Traînard Xavier ou quelqu'un d'autre lui parle (parfois, il interrompt, prend ses messages sur ses dispositifs électroniques, roule des yeux et exprime du dédain envers les autres ou bien il change de sujet ou fiche le camp). Lorsqu'il a des demandes à formuler, Roger Rude entre cavalièrement dans votre bulle et brandit férocement ses griffes. Il défend son point jusqu'à ce que vous capituliez et battez en retraite silencieusement.

Le cousin de Roger Rude, **RICKY BRUTE** est physiquement agressif et insoucieux des objets l'entourant. On peut l'apercevoir donnant des coups de poings sur les tables, claquer des portes, donner des coups de pieds dans des boîtes ou lancer son ordinateur par terre. Il ne respecte tout simplement pas la propriété de l'entreprise. Il laisse les portes extérieures déverrouillées et les fenêtres ouvertes, en plus d'oublier des dossiers confidentiels au café.

*Vous pouvez me trouver agressif, mais je me
tiens debout pour mes intérêts.
Et si vous ne vous la fermez pas, vous entendrez
parler de moi*

S

SALLY SOCIALISATION met rarement l'emphase sur son travail. Elle raconte tout ce qui lui passe par la tête tout au long de la journée.

On peut l'apercevoir debout au poste de travail de quelqu'un d'autre alors que la personne tente de travailler ou pendant qu'elle est au téléphone. « J'ai beaucoup de choses intelligentes à dire à tout le monde et ça ne peut attendre la pause-café ». Ses conservations dérangent ses collègues de travail, mais elle continue même si le Traînard Xavier a demandé à Sally d'arrêter. « Qu'importe si je dérange les autres? »

En plus d'avoir des conversations bruyantes à proximité des Traînards qui essaient de travailler, elle rit fortement, inconsciente que cela est dérangeant. Elle peut mettre le volume de sa musique élevé ou même chanter, espérant que d'autres viendront et lui parleront. Il va sans dire que Sally Socialisation a des problèmes à s'acquitter de ses tâches. Les jours filent et elle n'accomplit…rien.

Vous dites que je dérange,
mais je suis juste amicale.

TOMMY TECHNO adore utiliser l'imprimante et le photocopieur pour des fins personnelles; il photocopie des livres ou… son derrière. Il a tendance à monopoliser le photocopieur et l'imprimante collective, sans nettoyer la pièce après en avoir fait usage. Des morceaux de papier traînent partout. S'il y a un problème avec l'imprimante ou le photocopieur, qu'il soit bloqué, que le toner soit à un faible niveau ou qu'il n'y ait plus de papier, il laisse l'appareil en mode « erreur ».

Comme si cela n'était pas assez, Tommy Techno représente un risque de sécurité pour la mine Zolto. Il fait tellement confiance et se montre éperdument curieux qu'il clique sur les pourriels, les fenêtres intempestives et les pièces jointes contenant des programmes envoyés par des inconnus. Disons qu'il connaît intimement ce que sont les vers informatiques, les chevaux de Troie et les logiciels espions. De plus, lorsqu'il n'envoie pas des messages au contenu agressif ou méchant à votre propos, il adore répandre « la bonne humeur » en envoyant à tout l'établissement des courriels de blagues et essaie aussi de vendre des objets personnels à « des prix d'ami ». Ses nombreux courriels inondent et ralentissent le système.

Tommy Techno est déconcentré par la technologie, tout comme **TIMMY TEXTEUR** qui utilise constamment toute sorte d'appareils électroniques, malgré les règles instaurées par le Traînard Xavier concernant l'usage d'appareils personnels de communication pendant les heures de travail et, surtout, pendant les réunions. Timmy Texteur prend plaisir à vérifier ses messages, prendre des autoportraits, regarder des films ou du sport, écouter de la musique et faire des recherches personnelles sur Traînard.net pendant les heures de travail. Lorsque le Traînard Xavier lui rappelle de mettre de côté ses appareils de communication et de faire son travail, il les met sur ses genoux et continue de texter. Il ne réalise pas que le Traînard Xavier peut le voir faire alors qu'il ne travaille pas. Lorsque les collègues se rendent compte que Timmy est distrait par ses appareils, ils sortent les leurs.

J'ai un message important à envoyer.

U

UMA TU-ME-DOIS-TOUT commet des vols à la mine Zolto. Oh, elle ne considère pas ses gestes comme tels. Nan! Elle prétend que ces objets font partie de la rémunération globale. Un petit plus en échange de son dur labeur. Après tout, elle « pense » au travail alors qu'elle est à la maison, alors elle devrait être payée en nature pour ça, non?

Uma Tu-Me-Dois-Tout amène à la maison des stylos, des agrafeuses, du papier et des enveloppes, du papier hygiénique, des chaises, des ordinateurs portables et des imprimantes…nommez-les. En fait, elle fait les « achats scolaires » pour ses enfants au travail.

Uma Tu-Me-Dois-Tout vole du temps à l'usine Zolto. Elle arrive à l'heure, mais prend les premières 30 minutes à se préparer pour le travail (elle se maquille, prend son café, socialise, etc.). Pendant sa journée, elle s'occupe de ses affaires personnelles et navigue sur Traînebook. Elle sort du bureau pour faire ses emplettes pendant ses heures de travail, prend des pauses longues pour le dîner et va dehors pour des pauses cigarette qui ne durent jamais moins de 20 minutes. Elle ne sait pas pourquoi elle ne réalise pas plus de travail.

Quel est le problème si je prends quelques
fournitures de bureau ici et là? Je les mérite.

VIVIANE LAVICTIME a une vie difficile et rien n'est de sa faute. Elle est très sensible et prend les choses du mauvais côté. Elle blâme les autres pour les problèmes qu'elle a elle-même créés croit que toutes les personnes sont contre elle. Une véritable reine du drame, elle monte tout en épingle. « Je me plains seulement parce qu'il y a beaucoup de choses sur lesquelles je veux me plaindre. Et puis, le monde entier est contre moi. »

Traînard Xavier et les autres font très attention à ne pas froisser son antenne ou à lui marcher sur les griffes. Malheureusement, son travail est en dessous des normes. Et vous pouvez imaginer qu'elle a une boîte pleine d'excuses justifiant pourquoi ce n'est jamais sa faute ou qu'elle n'est pas responsable. Elle ne s'appropriera même pas la moindre parcelle du problème. Au contraire, elle agit comme une enfant sans défense, s'apitoie sur son sort et montre les autres de la griffe, incluant Traînard Xavier (« si seulement il pouvait être un meilleur patron »). Les autres finissent pas réparer ses erreurs ou prendre le relai pour les tâches importantes pour lesquelles on ne peut lui faire confiance.

Pourquoi moi?
Les gens me veulent du mal!

WILLIAM ATOUT'JOURAISON a

toujours raison par ce que…vous avez toujours tort. La spécialité de William Atout'Jouraison est de rediriger les blâmes plutôt que de traiter les problèmes. Il centre son attention sur « qui » est responsable d'un problème plutôt que d'essayer de le résoudre. Dans un moment d'apparente ouverture, il vous demande votre avis, mais l'ignore ou l'écarte rapidement. William Atout'Jouraison exprime des opinions fortes; du coup, les autres qui ont un avis différent ont immédiatement tort. Bien sûr, il assume que tout Traînard intelligent ne peut être que d'accord avec lui. Il adopte fréquemment une attitude condescendante et aime lancer des phrases sournoises qui vous font mal paraître. « Vous dites condescendant, moi je dis brillant ».

Attention, William Atout'Jouraison met une forte pression sur les autres pour faire les choses à sa façon. Si vous lui forcez la main, il se vengera d'une façon ou d'une autre.

C'est ma façon et rien d'autre.

XAVIER X'CLUSIF aime créer des clans. Il snobe, ignore et se tient silencieux face à ceux qui ne sont pas dignes de son clan. Même pendant les réunions, il ne croise pas le regard ni ne parle aux Traînards en dehors de son club sélect. Il accorde peu d'attention à ce que « les exclus » ont à dire et démontre peu d'intérêt envers leurs opinions. Xavier X'Clusif se montre destructeur lorsqu'il supervise une équipe : ils considèrent certains membres comme des vedettes, alors qu'il en exclut d'autres.

Seuls les membres de son clan sont invités aux activités sociales de son équipe. Les liens entre les membres de son groupe sont tellement serrés qu'ils s'aident mutuellement, se donnent des « tuyaux » et des opportunités entre eux seuls, et se racontent des blagues entre eux aux dépens des étrangers et des exclus qui ne sont pas assez convenables pour faire partie du clan. « Si tu n'es pas l'un des nôtres, tu n'existes pas! ». Les étrangers se sentent comme des parias, mis de côté, rejetés, et non respectés. Xavier X'Clusif parle dans leur dos, murmure constamment en leur présence et les regarde avec dérision, s'il les regarde. Il organise des réunions privées dans son bureau afin de répandre des rumeurs et commérer sur des collègues, fermant la porte aux étrangers qui pourraient circuler tout près.

Si tu ne fais pas partie de mon groupe, tu es un impertinent.

YOLANDA QUI-GUEULE est une véritable brute colérique qui veut faire sa loi chaque jour. Elle crie, hurle, interrompt et jure. Elle coupe la parole aux Traînards lorsqu'ils parlent et elle prétend ne pas avoir à écouter leurs sornettes. Elle s'attend à ce que vous lui obéissiez au doigt et à l'œil. Elle vous interrompt dans votre travail sans hésitation. De plus, ses messages vocaux sont courts (« Rappelle-moi! ») et manquent de détails pour que les destinataires puissent comprendre ce qu'elle veut.

Elle argumente toujours et lève le ton de sa voix à n'importe quel moment qu'elle le juge nécessaire, par exemple, lorsqu'elle n'aime pas les tâches qui lui sont assignées, lorsque les autres ne font pas bien leur travail, et, surtout, lorsque le Traînard Xavier la confronte au sujet de son comportement négatif. Si Yolanda Qui-Gueule n'arrive pas à ses fins, elle boude, pleure et déclare être une victime innocente du traitement oppressif et intimidant de son supérieur. Elle sait qu'en accusant les autres de mauvais comportements, l'attention n'est plus orientée vers ses propres comportements.

Yolanda Qui-Gueulle n'aime pas suivre les règles ou les procédures en place à la mine Zolto. Plutôt que de remplir les formulaires et les faire parvenir au Traînard qui peut corriger la situation, elle contacte plutôt le patron de ce Traînard et se plaint. Le fait qu'elle fasse toujours escalader ses plaintes rend les autres Traînards réticents à lui venir en aide.

Tu existes pour me servir…
MAINTENANT!

ZOË ZUCCHINI est une proche cousine de Mélissa Traînasseur. Zoë Zucchini s'attend à ce que les autres nettoient la salle à manger après qu'elle l'ait utilisée. Elle laisse sa vaisselle salle dans l'évier, sa nourriture pourrir dans le réfrigérateur, des poches de thé se composter dans l'évier, ainsi que d'autres choses susceptibles d'obstruer le drain. Elle ne nettoie pas les éclaboussures dans le four à microonde. Elle videra la cafetière en se servant un café, mais n'en fera pas du nouveau. En outre, elle pourrait fouiller dans le réfrigérateur de la salle à manger et manger ce qu'elle trouve dans les sacs à lunch des autres.

Ses cousins **TOM ET TANIA TOUALE'TTES** laissent aussi leurs marques, mais dans les toilettes! Peut-être est-ce pour économiser l'eau ou parce qu'ils ne veulent pas toucher le levier de la chasse d'eau, mais ils ne la tirent jamais. Prenez garde! S'il vous arrive d'utiliser la toilette juste après eux, non seulement la pièce empeste, mais il y aura aussi de petits morceaux de papier de toilette sur le sol, du « liquide » sur le sol à côté de la toilette, des traces de brun sur le siège de toilette et un rouleau de papier vide (car ils utilisent beaucoup de papier et ils en emportent chez eux). Ne leur serrez pas la tentacule, parce qu'ils ne se les lavent pas après avoir utilisé les toilettes. Tania Touale'ttes jette ses tampons usagés dans ou à côté de la toilette, ainsi que les restes de son déjeuner aux haricots bruns. Tom et Tania passent tous les deux beaucoup de temps aux toilettes, même s'il y a une longue file d'attente pour celles-ci. Ils nettoient leur vaisselle dans l'évier de la salle de bain et y laissent des résidus de nourriture, ainsi que des flaques d'eau tout autour de l'évier (et parfois ils y laissent leur vaisselle).

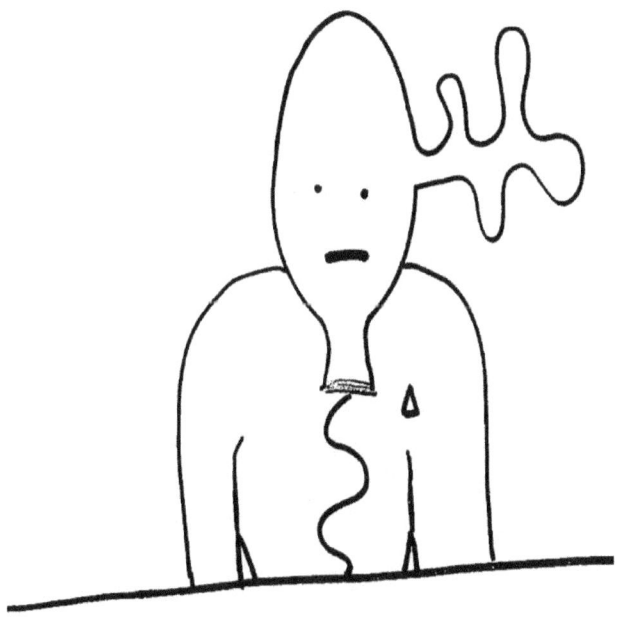

Je suis simplement trop important pour me nettoyer moi-même.

·

WOWZERS!

L'équipe de Wowzers hautement perspicaces de la planète Wowzie conclut que la production à la mine Zolto souffre dû à l'incivilité qui y prévaut. Les travailleurs de Draggle se traînent, se sentent stressés, ennuyés ou en colère, se centrent sur eux-mêmes, sont insensibles aux autres et font tout sauf se concentrer sur leur travail.

Est-ce qu'on ressemble à des ratés ou quoi?

Les Wowzers n'en reviennent pas de cet ensemble d'êtres bien spéciaux!

Agnès Tout-Est-À-Propos-De-Moi

Bob Okupey et Delmar Amateur

Cliff Qui-S'Accapare-Du-Crédit

Dwight K-Fard

Édith-Glou-T'On

Fannie Bon-Chic-Bon-Genre et Umberto Dègue-Eux

Germy George

Harry Ver-Beau-Mo-T'eur et Harry March-en-D'eur

Isabelle Sans-Manière-Et-Impolie

Julie Condamne-Tout, Suzanne Soupçonneuse et Basil Tyran

Karla Bou'can

Laurent Tard'Quitte et Alex Au-Louin

Mélissa Traînasseur

Nicolas Démuni'et'Dépendant et Irma Insécurisée

Olga Opiniâtre

Prunella et Pierre Espace-Personnel

Quentin Pas-Ma-Faute et Bertrand Selon-Les-Règles

Roger Rude et Ricky Brute

Sally Socialisation

Tommy Techno et Timmy Texteur

Uma Tu-Me-Dois-Tout

Viviane Lavictime

William Atout'Jouraison

Xavier X'Clusif

Yolanda Qui-Gueule

Zoë Zucchini et Tania et Tom Touale'ttes

Ces Traînards sont les personnages opposés des Wowzers :

Agnès Tout-Pour-Aider-Les-Autres

Bob et Delmar Okupey-Mais-Bien-Organisé-Et-Fiable

Cliff Partage-Les-Honneurs

Dwight Rayon-de-Soleil

Édith Mange-Avec-De-Bonnes-Manières

Fannie Adéquate-Ment-Soigné et Umberto TiGa-Propre

George Se-Soigne-À-La-Maison

Harry Content-D'écout'Er-Et-De-Respecter-Les-Engagements

Isabelle Extrêmement-Polie-Et-Respectueuse

Judith, Susan et Basil Sans-Jugement

Karla Calme-Et-Ouverte

Larry et Alex On-Travaille-Pour-Toute-Sa-Durée

Mélissa Travaillant-Qui-Fait-Sa-Part-Et-Plus

Nicolas et Irma Indépendant-Et-Interdépentent-En-Équipe

Olga Ouverte-à-d'Autres-Perspectives

Prunella et Pierre Respectueux-De-L'Espace Personnel

Quentin et Bertrand Qui-Prennent-Leurs-Responsabilités

Roger Mots-Gentils et Ricky Symp'A

Sally Je-Fais-Mon-Boulot

Tommy et Timmy Respectueux-de-la-Technologie

Uma S'AutoDirigeant-Et-S'AutoMotivant

Viviane Maître-De-Sa-Vie

William Ouvert-Aux-Autres-Points-De-Vue

Xavier IN'Clusif

Yolanda Courtoise

Zoë, Tania et Tom Respect-Des-Espaces-Partagés

APRÈS AVOIR ENTENDU LES RAPPORTS DE LEURS REPRÉSENTANTS, les leaders Wowzers réfléchirent à leur prochain plan d'action. Il était clair que les Traînards n'étaient pas prêts à gérer eux-mêmes la mine Zolto, même en utilisant des technologies pour les nuls. Au fil des études réalisées sur un millier d'années, les Wowzers apprirent que civilité et bon travailleur vont de pair : incivilité = incompétence. La civilité est une exigence fondamentale pour tout bon travailleur. Ils ont appris que, si les joueurs dans un bac à sable ne jouent pas bien ensemble, le bac à sable lui-même risque d'être détruit, métaphoriquement parlant. Que devraient faire les Wowzers?

EST-CE QUE LES WOWZERS DEVRAIENT ALLER DE L'AVANT ET SIMPLEMENT SE TÉLÉPORTER et s'accaparer des cristaux Zolto? La planète Traînarde serait facile à envahir. Les Traînards semblent tellement concentrés sur eux-mêmes et sur leurs petits bobos qu'ils ne remarqueraient même pas les Wowzers descendre sur leur planète au-dessus de leurs océans et empocher les cristaux Zolto. Toutefois, cette approche constituerait un vol de ressources et les Wowzers ne feraient jamais une chose qu'ils ne voudraient pas se faire faire par les Traînards.

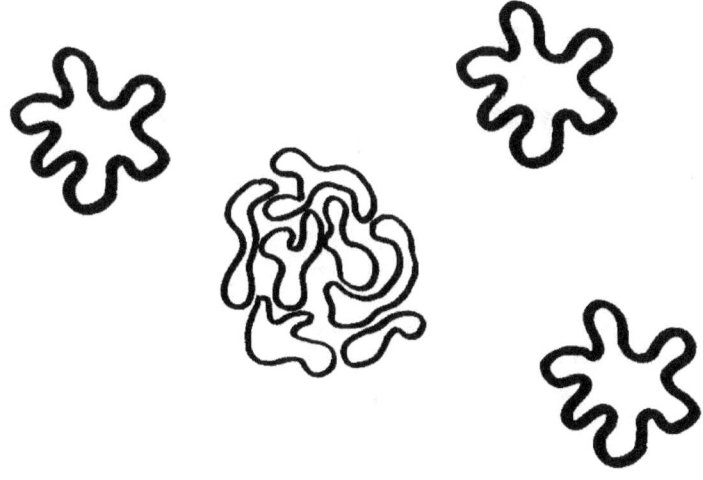

UNE AUTRE OPTION SERAIT D'ENVOYER LES MEILLEURS REPRÉSENTANTS DE LA PLANÈTE WOWZIE sur la planète Traînarde afin de travailler main dans la main avec les Traînards à l'usine Zolto. À l'aide du coaching et en agissant comme des modèles, ils pourraient progressivement transformer la manière dont les Traînards interagissent les uns avec les autres. En transformant les Traînards ratés en Traînards sensationnels, les Traînards seraient plus aptes à gérer rondement les opérations. Mais, serait-ce possible? Est-ce que cela prendrait trop de temps? Existe-t-il d'autres options? Que devraient faire les Wowzers?

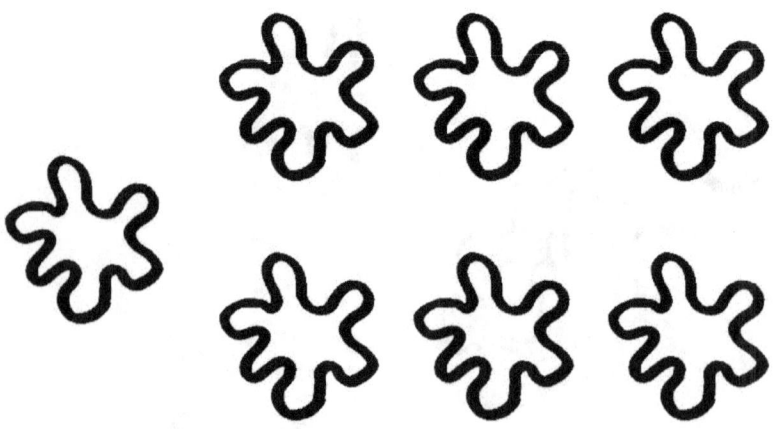

QUESTIONS DE RÉFLEXION

1. Quels pourraient être les autres fins que vous pourriez imaginer à ce récit? Si vous étiez un Wowzer, que feriez-vous?

2. Comment les méthodes Traînards peuvent-elles devenir des obstacles dans les interactions avec Wowzers, tout particulièrement dans la gestion de la mine Zolto?

3. Des façons de faire Traînards, lesquelles considérez-vous comme les pires (nommez-en cinq)? Pourquoi?

4. Comment définiriez-vous la civilité? L'incivilité?

5. Si vous aviez à positionner sur une échelle allant du plus civil au moins civil les comportements des Traînards, à quoi ressemblerait votre continuum?

6. Quelles sont les autres façons de faire incivils que vous observez autour de vous qui ne sont pas incluses dans le présent récit?

7. Comment les comportements des Traînards peuvent-ils nuire à l'environnement de travail?

8. Quelle est votre réaction habituelle face aux comportements de Traînards?

9. Avec lesquels des cinq Traînards voudriez-vous le moins travailler en équipe? Pourquoi?

10. Quels Traînards seraient les plus ouverts à modifier leurs comportements?

11. Quels sont les cinq Traînards que vous voyez typiquement dans votre environnement de travail?

12. Quels sont les cinq Wowzers avec lesquels vous souhaiteriez le plus travailler? Pourquoi? Donnez des exemples concrets de leurs comportements.

13. Que peuvent faire les collègues pour décourager les comportements des Traînards et encourager ceux des Wowzers?

14. Que pouvez-vous faire personnellement pour décourager les comportements des Traînards et encourager ceux des Wowzers chez vos collègues?

15. Quels comportements des Traînards et des Wowzers vous représentent le mieux ce que vous faites au travail?

16. Que ferez-vous de différents pour :
    a. Éliminer vos façons de faire des Traînards?
    b. Favoriser les comportements des Wowzers de façon à contribuer positivement à votre environnement de travail?

17. Que peuvent faire les gestionnaires pour décourager les comportements des Traînards et encourager ceux des Wowzers?

18. Pensez-vous que des comportements de Traînards moins extrêmes puissent être passés sous silence afin que de petits problèmes ne deviennent de gros problèmes (l'équivalent de « mourir à petit feu »)? Ou…non?

19. Quels sont les comportements de Traînards les plus susceptibles d'être reliés ou qui se combinent bien et qui sont ainsi plus susceptibles de former une alliance? Lesquels sont les plus susceptibles d'entrer en conflit?

20. Est-il possible pour une personne d'adopter à la fois des comportements de Traînards et de Wowzers?

21. Qu'est-ce qui peut amener des personnes à adopter des comportements de Traînards?

22. Quels sont les thèmes récurrents qui émergent des comportements des Traînards?

23. Quelles citations dans la section « Diverses citations sur la civilité » ci-dessous vous interpellent? Pourquoi?

ÊTES-VOUS UN TRAÎNARD OU UN WOWZER?

Nous présentons les façons de faire des Traînards de façon caricaturée afin d'illustrer clairement différents types de comportements incivils au travail pour des fins de discussion. Presque tout le monde (même les auteurs!) a manifesté, à différents niveaux, un ou plusieurs de ces comportements.

La première étape pour changer un comportement de type Traînard est d'identifier ce que vous faites qui ne fonctionne pas pour vous ou pour les autres. Vous pouvez y arriver en vous posant ces quatre groupes de questions :

1. De quelle façon les autres réagissent-ils face à moi? Sont-ils heureux de me voir? Ont-ils l'air de m'éviter? Sont-ils simplement polis? Échangent-ils simplement des banalités? Sont-ils pressés de partir?

2. Quelle rétroaction les autres personnes me donnent-elles à propos de ma conduite? Parfois, nous nous leurrons nous-mêmes. Nous n'avons simplement aucune idée que nous échouons significativement. Nous avons besoin de rétroaction de quelqu'un, même si ça nous irrite. Demander et recevoir une rétroaction honnête des autres peut être ce qui vous arrivera de mieux

même si cela peut vous sembler risqué à court terme. Si vous faites quelque chose qui vous empêche d'obtenir les résultats souhaités, ne voulez-vous pas savoir quoi?

3. Quel est l'impact de ce que je fais? Est-ce que cela fonctionne vraiment pour moi à court ou à moyen terme? Quelles sortes de relations est-ce que je développe avec les autres? Est-ce que je me développe comme personne? Est-ce que je suis vraiment heureux de ce que je fais? Serais-je embarrassé si mes agissements étaient décrits sur la une du journal ou sur Facebook?

4. Que dit mon comportement au travail à propos de ma façon de voir la vie? Par exemple, est-ce que j'essaie de donner peu (ou rien du tout), mais de recevoir énormément? Est-ce que cherche à blâmer et à me plaindre? Est-ce que je me sens trahi ou incompris par les autres? Est-ce que je suis toujours de mauvaise humeur? Est-ce que j'attends que les autres agissent comme des leaders, et je me plains lorsque rien ne survient? Est-ce que je me focalise sur moi-même et ce que je veux, potentiellement au détriment des autres?

IDENTIFIEZ LES TENDANCES DANS VOS RÉPONSES

Est-ce que vous vous comportez davantage comme un Traînard ou un Wowzer? Êtes-vous, généralement, une personne civile? Si vous n'obtenez pas les résultats que vous souhaitez, si vous avez l'impression d'être nul parce que vous êtes systématiquement immergé dans des conflits, si vous n'avancez pas autant que vous le souhaitez dans votre travail, et bien ce sont là des signes que ce que vous faites ne fonctionne pas pour vous.

Plusieurs personnes ne se rendent pas à cette étape de prise de conscience et d'inconfort. Ils préfèrent se mettre la tête dans le sable afin d'éviter à tout prix de changer leurs comportements de Traînard, lesquels leur semblent plus confortables, mais qui sont carrément inefficaces. Félicitez-vous de faire l'effort pour comprendre votre conduite et vos résultats!

METTEZ AU DÉFI VOS TENDANCES TRAÎNARDES

Être un Traînard n'est plaisant pour personne! Les conduites de Traînards dépriment tout le monde et empoisonnent l'environnement de travail. Les Traînards semblent manquer de conscience et de considération quant à l'image qu'ils projettent sur les autres; ils reçoivent sans donner, se focalisent sur ce qu'ils veulent au détriment des autres et sont insensibles aux autres.

Au contraire, les gens formidables agissent comme les Wowzers. Les gens les écoutent et veulent faire partie de leur entourage parce qu'ils se sentent respectés. Si vous souhaitez être respecté, vous devez être civil. Voici quelques idées afin de progresser vers l'adoption de comportements plus civils.

1. **Vous devez prendre la responsabilité de ce que vous faites et ne faites pas.** Vous êtes responsable de vos comportements. Que vous le réalisiez ou non, vous faites le choix de vos comportements et vous pouvez choisir de ne plus les adopter. Vous n'êtes pas une marionnette. Vous pouvez vous exercer à l'autodiscipline et à l'autocontrôle. Il n'est pas nécessaire que vous exprimiez chacune de vos pensées, que vous participiez à toutes les batailles possibles ou que vous réagissiez à tout ce que les autres font ou ne

font pas. VOUS choisissez. Vous avez la liberté de faire vos propres choix, et vous êtes responsables des résultats obtenus.

2. **Gardez à l'esprit que personne ne peut blesser vos sentiments.** Les sentiments négatifs constituent des signaux indiquant que ce que vous faites ou ce que vous pensez ne vous permet pas de répondre à vos besoins. Changez la façon dont vous pensez à propos des choses et vous changerez la façon dont vous vous sentez. Deux personnes peuvent être dans la même situation et l'interpréter de façon différente. Ce sont nos interprétations des choses qui nous conduisent à des problèmes, surtout lorsque nous pensons que quelqu'un a intentionnellement essayé de nous blesser. Demandez-vous de quelles façons différentes vous pouvez interpréter la situation.

3. **Donnez le bénéfice du doute aux gens.** Demandez-leur ce qui se passe. Ne présumez pas automatiquement que les gens veulent vous coincer. Ils peuvent avoir fait une erreur non intentionnellement. Vous ne savez pas ce qui motive leurs comportements. Vous n'êtes pas dans leurs chaussures. Ils passent peut-être à travers une période difficile de leur vie personnelle

ou professionnelle de sorte que leur conduite peut être inappropriée. Il peut y avoir une politique ou d'autres facteurs situationnels qui influencent leur conduite. Faire des hypothèses sur les raisons des comportements des personnes peut nous attirer des problèmes. Par ailleurs, nous sommes tous humains. Personne n'est parfait. Vous enfermez dans votre rancœur et votre colère vous blesse davantage que cela ne blesse les autres.

4. **Communiquez directement avec la personne impliquée.** Ne parlez pas à tout le monde du problème que vous avez avec la personne X puisque ça fera de vous une partie du problème et non de la solution. Choisissez plutôt le bon moment et parlez directement à la personne X. Calmement.

Partagez vos observations et ensuite vos interprétations. Tentez de vous mettre d'accord sur les faits et soyez ouvert aux autres interprétations. Assumez les responsabilités qui vous reviennent. Écoutez. N'interrompez pas ou ne partez pas au beau milieu d'une phrase. Attendez jusqu'à ce qu'ils aient terminé de dire ce qu'ils ont à dire. Ne vous mettez pas en colère, n'accusez pas, ne criez pas, ne soyez pas hostiles, ne leur criez pas des noms, ne boudez pas, ne menacez pas, ne soyez pas grossier, ne faites pas de chantage affectif, ne roulez pas des yeux, ne pointez pas du doigt, ne donnez pas d'ordre et ne poussez pas. Ce n'est pas de cette façon que l'on se fait des amis ou l'on influence les autres. Aucun de ces comportements n'est efficace, du moins à long terme. La personne peut acquiescer à votre demande à court terme juste pour que vous ne soyez plus sur son dos, mais vous perdrez leur respect et vous perdrez la partie à long terme. Il est difficile de réparer une relation que vous avez brisée par vos mauvais comportements.

5. **Soyez poli et respectueux.** La courtoisie ne nécessite pas plus de temps ou d'effort. Elle permet aux autres de voir que vous êtes une personne raisonnable et que vous êtes en contrôle de vous-même. Dire S.V.P., merci, pardon, excusez-moi et d'autres formules de politesse sont des façons simples de démontrer que vous respectez les autres. Ramasser et nettoyer ses choses est une forme de politesse de base. Ne dérangez pas les autres en vous mettant en travers de leur espace personnel. Si vous voulez que les autres personnes vous respectent, vous devez leur montrer du respect en premier lieu.

6. **Débarrassez-vous de votre sentiment que tout vous est dû.** Celui-ci vous nuira en laissant croire aux autres que vous n'avez pas encore grandis. Vous n'êtes pas le centre de l'univers. Ne croyez pas que tout doit vous être présenté sur un plateau d'argent ou que tout doit être fait selon vos désirs. Les autres n'existent pas pour vous servir. Les adultes matures prennent conscience qu'ils ont des droits ET des responsabilités, et qu'il en va de même pour les autres. Si vous vous focalisez sur vos droits et ce qui vous est dû, vous serez plus à même de piétiner les droits des autres puisque vous les verrez comme étant dans vos jambes. Vous ne pouvez pas toujours avoir ce que vous voulez, mais vous pouvez essayer de combler certains de vos besoins tout en respectant le droit des autres de faire de même.

7. **Remettez les choses en perspective.** Dans quelle mesure est-ce que telle chose est importante? Est-ce qu'il fera une grosse différence dans votre vie? Lorsque vous regarderez en arrière dans 10 ou 20 ans, qu'est-ce qui aura le plus d'importance pour vous? Êtes-vous prêt à crier et hurler pour ce que vous voulez et endommager simultanément la relation dans ce processus? Parfois, nous restons pris dans les ornières du

moment, nous ruminons et nous ne pouvons voir de quelle façon nous pouvons nous sortir du bourbier que nous avons nous-mêmes créé. Toutefois, les choses s'arrangent, et, avec le temps, les irritants qui nous apparaissent majeurs sur le coup deviennent bien insignifiants plus tard. Ne perdez pas de temps à trouver de petits bobos. Vous devriez vous concentrer sur ce qui est vraiment important.

8. **Soyez professionnel.** Demandez-vous « Que ferait un professionnel dans cette situation? » Aucune conduite comme celle des Traînards, aussi justifiée soit-elle dans votre esprit, n'est observée chez les professionnels qui ont du succès. Si vous souhaitez être un professionnel, peu importe la définition que vous lui donnez, commencez maintenant en vous conduisant d'une façon mature, calme, bienveillante et raisonnable. Rappelez-vous que l'incivilité est une forme d'incompétence.

9. **Soyez positif et agréable.** Si vous avez le choix entre une attitude positive et une attitude négative (et nous avons ce choix dans toutes les circonstances), pourquoi ne pas être positif? Être négatif fait souffrir votre réputation, vos résultats

et, oui, votre corps. Être négatif vous diminue physiquement, mentalement, socialement et spirituellement. Vous ne réalisez probablement pas à quel point vous avez l'air horrible aux yeux des autres lorsque vous vous comportez comme un abruti. Lorsque vous vous conduisez en abruti envers quelqu'un, cette personne veut juste se conduire comme tel en retour. Les émotions sont contagieuses, et elles ont un effet de propagation sur les autres autour de vous. Alors, soyez à l'affût de ce que vous projetez sur les autres. Est-ce que vous siphonnez l'énergie des autres ou aidez-vous les autres à se sentir plus énergisés?

9. **Utilisez l'humour,** lorsque c'est approprié, pour vous sortir de situations potentiellement embarrassantes ou difficiles. Cela démontre votre humanisme, adoucit le ton des échanges et aide les personnes à sauver la face. Plus important encore, apprenez à rire de vous-même. Admettez vos erreurs et ayez l'esprit généreux.

10. **Mettez en pratique la règle d'or « ne faites pas aux autres ce que vous ne voulez pas qu'ils vous fassent » et la règle platine « Traitez les autres comme vous voudriez être traité. »** La civilité signifie respecter les autres et considérer

chaque personne digne d'être appréciée, peu importe que vous aimiez la personne ou non, ou que vous soyez d'accord ou non avec elle. Si chaque personne prend la responsabilité de se conduire d'une façon civilisée, nous créerons une société civilisée. Alors, contribuez-vous à renforcir la bonne volonté qui existe en ce monde ou en êtes-vous le maillon faible de la chaîne?

11. **Focalisez sur les choses positives auxquelles les autres contribuent et démontrez votre gratitude autant que possible.** Comme le spécialiste du leadership Ken Blanchard l'a mentionné, vous devez essayer de « surprendre les gens qui ont fait quelque chose de bien » et leur laissez savoir que vous les appréciez. Cela démontre que vous êtes un joueur d'équipe qui travaille bien avec les autres et non une personne qui leur fait compétition ou qui focalisent sur leurs erreurs. Oui, même les personnes en autorité comme votre gestionnaire ont besoin de se sentir appréciées. Nous sommes tous des personnes ayant besoin des autres. Lorsque vous ne respectez pas quelqu'un ou que vous la rejetez, vous lui dites qu'elle n'a que peu de valeur à vos yeux. Ces comportements dédaigneux sont

extrêmement blessants puisqu'ils détruisent l'estime de soi des autres.

13. **Ayez une ouverture d'esprit en tout temps.** La vie est riche en expériences et en opportunités. Il existe différentes façons de résoudre des problèmes, de travailler, d'apprendre et de voir le monde. Vous adoptez une perspective avec laquelle vous êtes confortable, mais les autres adoptent leur propre perspective. Être flexible, sortir de sa zone de confort et s'ouvrir à d'autres façons de faire les choses vous aideront à grandir comme personne. Cela vous permettra d'être plus créatif lorsque vous composez avec différentes situations.

14. **Soyez une source d'apprentissage et de lumière pour les autres.** Essayez de devenir un « véhicule d'apprentissage » afin que les autres puissent apprendre des choses à travers vous. Être un bon collègue de travail implique non seulement d'être un bon exemple pour les autres, mais aussi prendre des initiatives pour aider les autres qui peuvent présenter certaines difficultés.

15. **Soyez réaliste et bien organisé.** Ne vous surchargez pas. Trouvez des façons de bien gérer votre temps, vos humeurs et vous-mêmes, et

faites-les. Celles-ci constituent des habiletés de base pour obtenir du succès au travail, à l'école et à la maison. Vous devez apprendre cette leçon aussi rapidement que possible dans votre vie. La procrastination est un cul-de-sac et une manière sûre d'échouer. Il vous sera possible de procrastiner et de vous en sortir à court terme, mais ce n'est pas la même chose que d'avoir du succès. La ruée qui vous permet de terminer un rapport à la dernière minute est interprétée par votre corps comme étant du stress, et le stress peut faire des choses horribles à votre corps (hypertension, épuisement, problèmes de sommeil, anxiété, problème de digestion, etc.).

16. **Réalisez que votre apprentissage constitue un investissement que vous faites en vous-même.** Vous vous nuisez à vous-même en n'apprenant pas à faire votre travail adéquatement ou en minimisant le temps et les efforts que vous consacrez à celui-ci. Faites de votre travail une priorité lorsque vous êtes au travail et vous aimerez les résultats qui en découlent. Vous serez fier de vous!

17. **Faites votre propre ménage. Ne volez pas les choses des autres. Souriez. Collaborez.**

METTEZ L'INCIVILITÉ DES AUTRES AU DÉFI

Ah, c'est un sujet délicat! Bien que vous puissiez être tenté d'adopter des comportements incivils comme moyen de les éliminer chez autrui, cette approche du type « œil pour œil… » ne fait qu'engendrer un cercle vicieux d'incivilités. Ainsi, les représailles et la confrontation ne sont donc pas la solution. Comme Yoda le dirait, « mettre au défi l'incivilité, tu dois ».

Si vous gardez le silence sur les comportements incivils, cela implique que vous les tolérez. En conséquence, ils peuvent continuer, voire même empirer.

Essayer d'éviter les gens incivils peut être difficile si vous devez travailler avec eux au quotidien. Comment vous approchez les autres peut faire la différence entre des réactions hostiles et des comportements adéquats.

La plupart du temps, les personnes qui adoptent des comportements incivils ne se rendent pas compte que ce qu'elles font est irrespectueux ou que cela impacte négativement les autres. Une bonne première étape consiste donc à organiser une « **séance de sensibilisation à la civilité** » qui vous permet (a) de mettre tout le monde au diapason sur ce qu'est et sur ce que n'est pas la civilité (b) de clarifier les attentes, et (c) de s'entendre sur les normes liées aux comportements civils.

En guise de préparation à cette session, les participants devraient lire une copie du présent livre et répondre aux questions de réflexion présentées.

La séance de sensibilisation à la civilité peut consister en une discussion ouverte autour des réponses aux questions et sur l'élaboration de « règles » de civilité ou sur des attentes que tous s'engagent à respecter.

Si vous n'êtes pas en mesure d'organiser une telle séance, vous pouvez la recommander à votre gestionnaire ou à un responsable des ressources humaines.

En tant qu'individu, vous pouvez **défier les comportements incivils de manière affirmée, respectueuse et non conflictuelle,** idéalement, dès qu'ils se produisent. Exprimez directement vos besoins et clarifiez les effets de ces comportements des autres sur vous. Essayez d'utiliser des expressions clés telles que : « Les effets de ce comportement sur moi sont…, je pense…, je préfère…, etc. ». Ces expressions éviteront de formuler vos préoccupations en utilisant le « tu » ou le « vous » lesquels peuvent être reçus comme des attaques par les personnes.

Cette technique est similaire à la technique DESC développée par Sharon Bower et Gordon Bower, spécialistes en affirmation de soi. DESC implique de communiquer avec assurance en **d**écrivant, **e**xprimant, **s**pécifiant et ciblant les **c**onséquences. Premièrement, **décrivez** la situation en vous en tenant aux faits sans porter de jugement de valeur. Deuxièmement, **exprimez** vos réactions à la situation (décrivez vos pensées et vos émotions) en utilisant le « je ». Troisièmement, soyez **spécifique** quant à vos attentes et vos besoins. Enfin, exprimez les **conséquences** quant au fait d'en arriver ou non à une solution.

Comme le suggère la spécialiste de l'incivilité Christine Porath dans son article paru dans le *Harvard Business Review,* **vous devez préparer ce que vous allez dire**, en le répétant avec une autre personne, en prêtant attention à vos signes non verbaux et en vous concentrant sur le comportement de la personne et ses effets, et non en vous centrant sur la personne.

Attendez! **Avant de donner aux autres des commentaires sur leur comportement, vous voudrez peut-être tenir compte d'autres conseils de Christine Porath.** Elle suggère que vous évitiez de parler aux autres si votre réponse aux questions suivantes est « non » : « (1) Est-ce que je me sens en sécurité lorsque je parle avec cette personne? (2) Le comportement était-il intentionnel? (3) Était-ce le seul exemple d'un tel comportement de sa part? ». En d'autres termes, si vous ne vous sentez pas à l'aise, si le comportement était accidentel ou inconscient, ou encore s'il cela se produit rarement, n'en parlez pas à cette personne. Elle vous suggère plutôt de vous « concentrer sur votre propre performance et de suivre l'acronyme BI[A]F : **soyez *bref, informatif, amical* et *ferme.***

Si le fait d'aborder l'individu semble trop risqué ou que la personne est susceptible de mal réagir, il peut être utile de **parler du comportement à votre supérieur hiérarchique ou à un responsable des ressources humaines**. Il faut espérer ensuite qu'ils auront le courage de mettre fin au comportement toxique.

Malheureusement, pour toutes sortes de raisons, les mains de votre supérieur ou du responsable de ressources humaines peuvent être liées, faisant en sorte que leurs solutions n'aient aucune incidence sur le problème. Pourquoi? Eh bien, parfois, personne ne souhaite gérer les incivilités parce que les personnes inciviles ont des liens politiques, qu'elles apportent beaucoup d'argent ou performent extrêmement bien dans leur organisation, ou pour d'autres raisons. En conséquence, les incivilités deviennent tolérées, acceptées, voire même célébrées plutôt que gérées et réprimandées.

Dans ces cas, la solution vous appartient et vous devez prendre soin de vous face à un comportement toxique. **Vous devez montrer l'exemple en vous comportant de manière civile, mais vous devez aussi vous protéger des incivilités des autres.** Ne prenez pas les incivilités des autres sur vos épaules, et ne ruminez pas sur celles-ci.

Vous devez plutôt vous concentrer à contribuer positivement à votre environnement de travail et à gérer activement le stress associé aux incivilités des autres (ex. tenir un journal, chercher du soutien, gérer votre énergie ou modifier votre perception de ces comportements).

Être exposé à l'incivilité sur une base continue peut nuire à votre santé personnelle – y être confronté est émotionnellement, physiquement et spirituellement drainant. En fin de compte, vous avez une décision à prendre : est-ce qu'il y a une adéquation entre vous et une organisation qui semble fermer les yeux sur les incivilités? Existe-t-il un lieu de travail plus sympathique, plus doux et plus « adulte » pour vous?

DIVERSES CITATIONS
SUR LA CIVILITÉ

"Whoever one is, and wherever one is, one is always in the wrong if one is rude." — Maurice Baring

"Remember there's no such thing as a small act of kindness. Every act creates a ripple with no logical end." — Scott Adams

"There is no beautifier of complexion, or form, or behavior, like the wish to scatter joy and not pain around us." — Ralph Waldo Emerson

"Remember not only to say the right thing in the right place but far more difficult still, to leave unsaid the wrong thing at the tempting moment." — Benjamin Franklin

"This is the first test of a gentleman: his respect for those who can be of no possible value to him." — William Lyon Phelps

"Whenever there is a human being, there is an opportunity for a kindness." — Lucious Annaeus, *Seneca*

"Life is what our relationships make it....Good relationships make our lives good; bad relationships make our lives bad....To learn how to be happy, we must learn how to live well with others, and civility is a key to that." —P.M. Forni, *Choosing Civility*

"Life is relational. Whether we like it or not, we are wax upon which others leave their mark. When someone sees us as a thing to use or abuse, that becomes part of who we are in our own eyes as well (self-esteem notwithstanding), When we are on the receiving end of an act of kindness, we feel validated. We translate that act into a very simple, very powerful unspoken message to ourselves: I am not alone, I have value and my life has meaning." —P.M. Forni, *Choosing Civility*

"When the healthy pursuit of self-interest and self-realization turns into self-absorption, other people can lose their intrinsic value in our eyes and become mere means to the fulfillment of our needs and desires."
— P.M. Forni, *The Civility Solution*

"When you know you can do something, and you feel good about yourself, you do not have to devalue others." — John Patrick Hickey, *Oops! Did I Really Post That*

"Wisdom tells us that the best time for silence is when we are mad or upset." — John Patrick Hickey, *Oops! Did I Really Post That*

"You don't have to prove confidence; when you have it, it'll show. Real confidence is quiet, tactful, civil, and humble." — Rosalinda Oropez Randall, *Don't Burp in the Boardroom: Your Guide to Handling Uncommonly Common Workplace Dilemmas*

"A talent for forgetting is necessary to maintain civility." —Matthew De Abaitua, *If Then*

"When once the forms of civility are violated, there remains little hope of a return to kindness or decency." — Samuel Johnson

"The happiness of your life depends upon the quality of your thoughts." — Marcus Aurelius

"Emotional competence implies we have a choice as to how we express our feelings." — Dan Goleman

"We have a choice about how we behave, and that means we have the choice to opt for civility and grace." — Dwight Currie

"Respecting the 'No' of another is one of the most elementary and significant rules of respect." — P.M. Forni

"What is civility if not a constant awareness that no human encounter is without consequence?" — P.M. Forni

"Manners are based on an ideal of empathy, of imagining the impact of one's own actions on others. They involve doing something for the sake of other people that is not obligatory and attracts no reward." — Lynne Truss, *Talk to the Hand*

"The interesting thing is that, cut free from any sense of community, we are miserable and lonely as well as rude. This is an age of social autism, in which people just can't see the value of imagining their impact on others, and in which responsibility is always conveniently laid at other people's doors." — Lynne Truss, *Talk to the Hand*

"Civility costs nothing, and buys everything." — Mary Wortley Montagu

DES LECTURES SUGGÉRÉES

Sharon Anthony Bower & Gordon Bower (2004). *Asserting Yourself - Updated Edition: A Practical Guide for Positive Change*

P.M. Forni (2003). *Choosing Civility: The Twenty-five Rules of Considerate Conduct*

P.M. Forni (2009). *The Civility Solution: What to do When People are Rude*

John Patrick Hickey (2015). *Oops! Did I Really Post That: Online Etiquette in the New Digital Age*

M. Scott Peck (1997). *A World Waiting to be Born: Search for Civility*

Christine Porath (2016). An antidote to incivility. *Harvard Business Review*

Rosalinda Oropez Randall (2014). *Don't Burp in the Boardroom: Your Guide to Handling Uncommonly Common Workplace Dilemmas*

Lynne Truss (2005). *Talk to the Hand: The Utter Bloody Rudeness of the World Today or Six Good Reasons to Stay Home and Bolt the Door*